#홈스쿨링
#혼자 공부하기

똑똑한
하루 한자

똑똑한 하루 한자
시리즈 구성 예비초~4단계

우리 아이 한자 학습 첫걸음

8급

1단계 A, B, C

7급 II

2단계 A, B, C

7급

3단계 A, B, C

6급 II

4단계 A, B, C

똑 똑 한
하루 한자 ♥

3주 완성 스케줄표

⭐ 공부한 날짜를 써 봐!

예비초 B

1주

1일 6~13쪽	2일 14~17쪽	3일 18~21쪽	4일 22~25쪽	5일 26~29쪽
한자는 어떻게 만들었나요?	日 날 일	月 달 월	火 불 화	1주 복습
월 일	월 일	월 일	월 일	월 일

특강
30~37쪽
월   일

힘을 내! 넌 최고야!

2주

5일 58~61쪽	4일 54~57쪽	3일 50~53쪽	2일 46~49쪽	1일 38~45쪽
2주 복습	金 쇠 금/성 김	木 나무 목	水 물 수	여러 가지 뜻과 음을 익혀요
월 일	월 일	월 일	월 일	월 일

특강
62~69쪽
월   일

배운 내용은 꼭꼭 복습하기!

3주

1일 70~77쪽	2일 78~81쪽	3일 82~85쪽	4일 86~89쪽	5일 90~93쪽
뜻이 서로 반대예요	土 흙 토	大 큰 대	小 작을 소	3주 복습
월 일	월 일	월 일	월 일	월 일

특강
94~101쪽
월   일

Chunjae
Makes
Chunjae

▼

똑똑한 하루 한자 예비초 B

편집개발	김정, 정환진
디자인총괄	김희정
표지디자인	윤순미
내지디자인	박희춘, 배미현
삽화	민동진, 박혜원, 인스키, 장현아, 정윤희
제작	황성진, 조규영

발행일	2021년 11월 1일 초판 2022년 3월 15일 2쇄
발행인	(주)천재교육
주소	서울시 금천구 가산로9길 54
신고번호	제2001-000018호
고객센터	1577-0902

똑 똑 한

하루
한자

예비초 **B**

구성과 활용 방법

똑똑한 하루 한자 · ★예비초 B★

한 주 미리보기

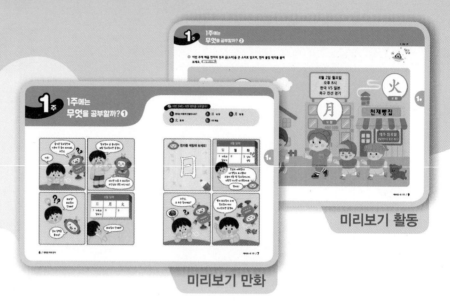

미리보기 만화

미리보기 활동

1일 · 한자의 기초

놀이 활동과 만화를 통해 한자 공부에 필요한 기초적인 내용을 익혀요.

2~4일 · 한자 학습

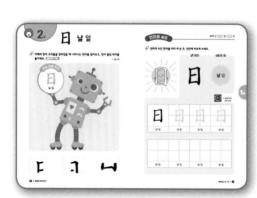

오늘 배울 한자를 확인하고, QR 코드 속 영상을 보며 따라 써요.

만화를 보며 오늘 배운 한자가 들어간 한자어를 익히고, 문제로 확인해요.

5일
복습

한 주 동안 배운 한자를 복습해요.

한 주 마무리

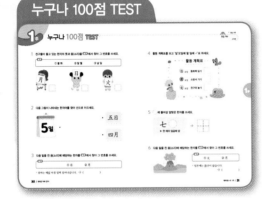

문제를 풀며 실력을 확인해요.

창의·융합·코딩 문제로
재미는 솔솔, 사고력은 쑥쑥!

종합 마무리

다양한 유형의 기초 문제를 풀며 이번 단계에서 배운 내용을 꼼꼼하게 마무리해요.

붙임 딱지와 한자 카드,
한자어 카드, 브로마이드를
활용하여 더욱 재미있게
공부해요!

1주

2주

3주

마무리

귀염둥이 냥이, 척척박사 지니와 함께
하루 한자를 시작해 볼까요?

냥이

지니

✪ 이번 주에 배울 한자의 뜻과 음(소리)을 큰 소리로 읽으며, 한자 붙임 딱지를 붙여
보세요. 붙임 딱지 117쪽

날 일

1일

한자는 어떻게 만들었나요?

🔍 '달 월(月)' 자를 색칠해 보세요.

◑ 정답 2쪽

처음 한자를 만들 때는 **사물의 모양**을 그려서 만들었어요. 특히 자연물을 보고 만든 한자가 많답니다.

해의 모양을 그렸어요

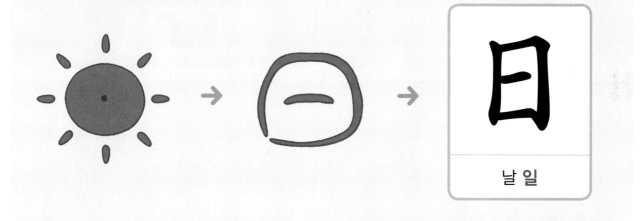

날 일

1주

달의 모양을 그렸어요

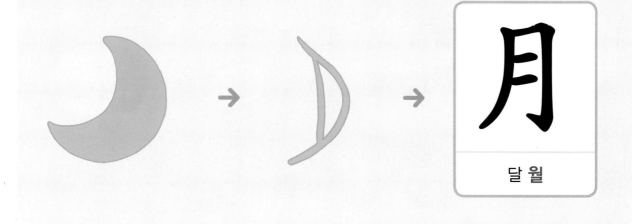

달 월

1 다음 문장에 어울리는 낱말을 찾아 ◯표 하세요.

처음 한자를 만들 때, 사물의 (모양 / 이름)을 그려서 만들었어요.

2 한자가 만들어진 순서에 맞게 선으로 이으세요.

 •　　• •　　•
日
날 일

 •　　• •　　•
月
달 월

2일 日 날 일

🔍 아래의 한자 조각들을 맞추었을 때 나타나는 한자를 알아보고, 한자 붙임 딱지를 붙이세요. 붙임 딱지 117쪽

◑ 정답 3쪽

오늘 배울 한자

日
날 일

한자를 써요

🔍 **연하게 쓰인 한자를 따라 써 본 후, 빈칸에 바르게 쓰세요.**

✏️ 모양　　📢 뜻·음

날 일

◀ QR을 보며
따라 써요!

1주

日	日	日	日
날 일	날 일	날 일	날 일

날 일	날 일	날 일	날 일

🔍 '日(날 일)'이 들어간 한자어를 알아보아요.

오일	五 日	매일	每 日
	다섯 오 / 날 일		매양 매 / 날 일
다섯 날. 한 달의 다섯째 날		하루하루의 모든 날. 날마다	

1 그림 속 한자의 알맞은 뜻을 찾아 ✔표 하세요.

나라

날

2 다음 설명에 해당하는 한자어를 찾아 선으로 이으세요.

다섯 날.
한 달의 다섯째 날

・ 매일(毎日)

・ 오일(五日)

3 다음 밑줄 친 한자의 음(소리)을 쓰세요.

나는 매日 아침 우유를 마십니다.

→ (   )

3일 月 달 월

붙임 딱지 117쪽

🔍 힘껏 뛰어올라 오늘 배울 한자 붙임 딱지를 붙이세요.

◑ 정답 3쪽

오늘 배울 한자

月

달 월

한자를 써요

🔍 연하게 쓰인 한자를 따라 써 본 후, 빈칸에 바르게 쓰세요.

✏️ 모양　　　　📢 뜻·음

月

달 월

◀ QR을 보며
따라 써요!

1주

月	月	月	月
달 월	달 월	달 월	달 월

달 월	달 월	달 월	달 월

🔍 '月(달 월)'이 들어간 한자어를 알아보아요.

사월	四 月	칠월	七 月
	넉 사 / 달 월		일곱 칠 / 달 월
	한 해의 넷째 달		한 해의 일곱째 달

1 '月'의 뜻과 음(소리)을 바르게 나타낸 것에 ✔표 하세요.

2 다음 밑줄 친 음(소리)에 해당하는 한자를 보기 에서 찾아 그 번호를 쓰세요.

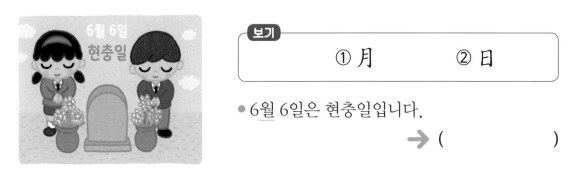

보기
① 月   ② 日

• 6월 6일은 현충일입니다.

→ (   )

3 '한 해의 일곱째 달'을 뜻하는 낱말에 ✔표 하세요.

칠월   사월

火 불 화

🔍 오늘 배울 한자 붙임 딱지를 붙이고, 그림 속에서 오늘 배울 한자의 뜻과 음(소리)을 찾아 ◯표 하세요. 붙임 딱지 117쪽

◑ 정답 4쪽

자연을 보호합시다.

오늘 배울 한자

火

불 화

한자를 써요

🔍 **연하게 쓰인 한자를 따라 써 본 후, 빈칸에 바르게 쓰세요.**

✏️ 모양   📢 뜻·음

불 화

◀ QR을 보며 따라 써요!

火	火	火	火
불 화	불 화	불 화	불 화

불 화	불 화	불 화	불 화

1주

🔍 '火(불 화)'가 들어간 한자어를 알아보아요.

화산	火 山	화력	火 力
	불 화 / 메 산		불 화 / 힘 력
불을 뿜는 산		불이 가진 힘	

기초 실력을 키워요

1 다음 그림이 나타내는 낱말을 찾아 선으로 이으세요.

불을 뿜는 산

• 화력

• 화산

2 다음 한자의 알맞은 뜻과 음(소리)을 찾아 ✔표 하세요.

달 월	불 화
☐	☐

3 다음 밑줄 친 한자의 음(소리)을 쓰세요.

 마른 나무일수록 <u>火</u>력이 좋습니다.

→ (   )

5일 1주 복습

그림에 쓰여 있는 뜻과 음(소리)에 알맞은 한자 붙임 딱지를 붙이세요.

붙임 딱지 117쪽

정답 4쪽

26 / 똑똑한 하루 한자

한자를 써요

🔍 연하게 쓰인 한자를 따라 써 본 후, 빈칸에 바르게 쓰세요.

日	日		
날 일	날 일	날 일	날 일

月	月		
달 월	달 월	달 월	달 월

火	火		
불 화	불 화	불 화	불 화

5일 한자어를 익혀요

🔍 **만화를 읽으며 이번 주에 배운 한자어를 확인해 보세요.**

어서 오세요, 주인님. 오늘은 유치원에서 무엇을 했나요?

체조를 했어. 매일(每日) 체조를 해서 너무 힘들어.

내일은 사월(四月) 오일(五日) 식목일이라서 마당에 나무 심는대. 아휴, 힘들어.

방학이 있는 칠월(七月)이 너무 기다려져.

오구오구, 그럼 오늘은 우리 주인님 힘내라고 맛있는 돈가스랑 떡볶이 먹을까요?

1 다음 지시대로 한자의 칸을 색칠하세요.

달 월 - ■   날 일 - ■   불 화 - ■

2 뜻에 맞는 한자어가 되도록 빈칸에 한자 또는 우리말을 쓰세요.

매 ◯ 每 日

하루하루의 모든 날. 날마다

사 월 四 ◯

한 해의 넷째 달

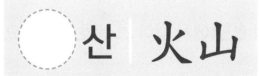

◯ 산 火 山

불을 뿜는 산

오 일 五 ◯

다섯 날. 한 달의 다섯째 날

누구나 100점 TEST

1 친구들이 들고 있는 한자의 뜻과 음(소리)을 보기 에서 찾아 그 번호를 쓰세요.

2 다음 그림이 나타내는 한자어를 찾아 선으로 이으세요.

3 다음 밑줄 친 음(소리)에 해당하는 한자를 보기 에서 찾아 그 번호를 쓰세요.

보기
> ① 日   ② 月

● 엄마는 매일 아침 일찍 일어나십니다. ➡ (   )

4 활동 계획표를 보고 '일'요일에 할 일에 ✔표 하세요.

활동 계획표

日 요일   동화책 읽기

月 요일   소방서 가기

火 요일   친구와 놀기

5 ◌에 들어갈 알맞은 한자를 쓰세요.

七 ◌   →

▶ 한 해의 일곱째 달

6 다음 밑줄 친 음(소리)에 해당하는 한자를 보기 에서 찾아 그 번호를 쓰세요.

보기

① 火   ② 月

● 일본에는 화산이 많습니다.

→ (   )

📖 만화를 읽고, 만화 속에 등장한 성어를 알아봅시다.

1주

◆ 성어의 뜻과 음을 알아보고, 빈칸에 한자 붙임 딱지를 붙이세요. 붙임 딱지 117쪽

→ '번개의 빛과 부싯돌의 불꽃'이라는 뜻으로, 매우 짧은 순간 또는 매우 빠른 동작을 이르는 말

특강 창의·융합·코딩
생각을 키워요 2

📖 예시 와 같이 규칙 에 따라 칸을 색칠했을 때, 나타나는 한자의 뜻과 음(소리)을 쓰세요.

규칙

1. 오른쪽 표의 칸 안의 숫자는 연속으로 칠해진 칸의 수를 의미합니다(9 는 [ ] 와 같은 색으로 9칸 칠하라는 표시입니다).

2. 숫자칸의 색과 같은 색으로 왼쪽의 표를 칠하세요.

예시

뜻: ___일곱___ 음(소리): ___칠___

	9
	4 1 4
	4 1 4
	4 1 4
	0 9
	4 1 4
	4 1 4
	4 1 3 1
	4 5

뜻: _____   음(소리): _____

									9				
									2	5	2		
									2	1	3	1	2
									2	1	3	1	2
									2	5	2		
									2	1	3	1	2
									2	1	3	1	2
									2	5	2		
									9				

 부모님께 귓속말

숫자의 개념과 색의 차이를 구별하며 한자를 익히는 활동입니다.

📖 〈일기 예보〉를 보고 여자아이의 말에 맞도록 옷의 붙임 딱지를 붙이고, 빈칸에 밑줄 친 글자의 한자를 쓰세요. 붙임 딱지 117쪽

저는 날씨에 따라 옷을 바꿔 입어요.

맑은 날에는　　　　　　를 입어요.

흐린 날에는　　　　　　를 입어요.

비가 오는 날에는　　　　　　를 입어요.

정답 6쪽

〈일기 예보〉

요일

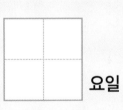

요일

요일

부모님께 귓속말

날씨에 맞도록 옷의 붙임 딱지를 찾아 붙이고, 해당 요일을 한자로 써 보는 활동입니다.

2주에는 무엇을 공부할까? ①

이번 주에는 어떤 한자를 공부할까?

1일 여러 가지 뜻과 음을 익혀요
2일 水 물 수
3일 木 나무 목
4일 金 쇠 금/성 김
5일 2주 복습

한자를 색칠해 보세요!

木

계획표

수	목	금

한글로 바뀌었다.

이제 계획표를 쓸 수 있겠죠?

응!

계획표

수	목	금
그림자밟기 놀이	그림자밟기 놀이	그림자밟기 놀이

다했다!

에? 온통 그림자밟기 놀이네요.

2주에는
무엇을 공부할까? ②

😊 이번 주에 배울 한자의 뜻과 음(소리)을 큰 소리로 읽으며, 한자 붙임 딱지를 붙여 보세요. 붙임 딱지 119쪽

水
물 수

정답 6쪽

1일

여러 가지
뜻과 음을 익혀요

🔍 빈칸에 들어갈 글자를 따라 써 보세요.

◑ 정답 7쪽

거위가 황 금 알을
낳았습니다.

내 이름은
김 천재입니다.

 한자 중에는 **여러 가지 뜻**을 가진 한자들이 있어요.
이 한자들은 **뜻**에 따라서 **음(소리)**이 달라지기도 한답니다.

2주

쇠 금

성 김

쇠를 뜻할 때는
금이라고 읽어요.

성씨를 뜻할 때는
김이라고 읽어요.

1 빈칸에 들어갈 알맞은 뜻에 ✔표 하세요.

□

□

2 그림에 맞는 '金'의 뜻과 음(소리) 붙임 딱지를 붙이세요. 붙임 딱지 119쪽

2일 水 물 수

오늘 배울 한자 붙임 딱지를 붙이고, 그림 속에서 오늘 배울 한자의 뜻과 음(소리)을 찾아 ◯표 하세요. 붙임 딱지 119쪽

● 정답 7쪽

🔍 연하게 쓰인 한자를 따라 써 본 후, 빈칸에 바르게 쓰세요.

✏️ 모양　　　📢 뜻·음

물 수

◀ QR을 보며
따라 써요!

2주

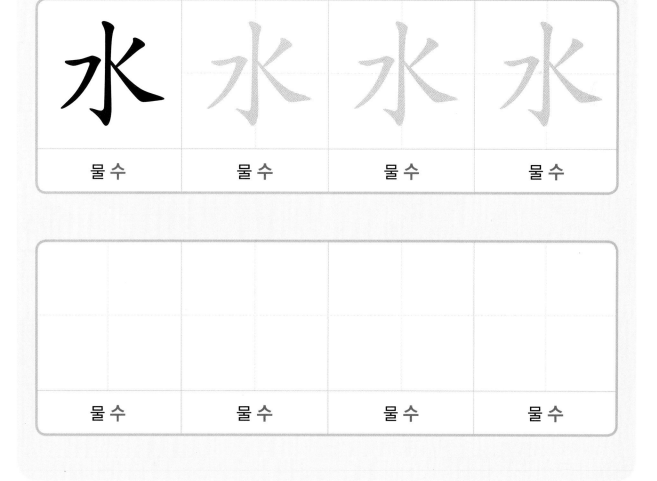

水	水	水	水
물 수	물 수	물 수	물 수
물 수	물 수	물 수	물 수

🔍 '水(물 수)'가 들어간 한자어를 알아보아요.

수영	水 泳	생수	生 水
	물 수 / 헤엄칠 영		날 생 / 물 수
	물속을 헤엄치는 일		깨끗한 물

1 보기 와 같이 다음 한자의 뜻과 음(소리)을 쓰세요.

> 보기
>
> 日 → 날 일

→ (   )

2 다음 밑줄 친 한자의 음(소리)을 쓰세요.

水영하기 전에는 꼭 준비 운동을 합니다.

→ (   )

3 다음 한자어의 알맞은 뜻을 찾아 선으로 이으세요.

• 깨끗한 물

생수(生水) •

• 깨끗한 수영장

木 나무 목

🔍 오늘 배울 한자 붙임 딱지를 붙이고, 그림 속에서 오늘 배울 한자의 뜻과 음(소리)을 찾아 ○표 하세요. 붙임 딱지 119쪽

◑ 정답 8쪽

🔍 **연하게 쓰인 한자를 따라 써 본 후, 빈칸에 바르게 쓰세요.**

 ✏️ 모양　　🔊 뜻·음

　나무 목

 ◀ QR을 보며
따라 써요!

2주

木	木	木	木
나무 목	나무 목	나무 목	나무 목

나무 목	나무 목	나무 목	나무 목

3일 한자어를 익혀요

🔍 '木(나무 목)'이 들어간 한자어를 알아보아요.

목마	木 馬	목수	木 手
	나무 목 / 말 마		나무 목 / 손 수
	나무로 만든 말		나무로 물건을 만드는 사람

1 '木'의 뜻과 음(소리)을 찾아 〇표 하세요.

날 일   나무 목   물 수

2 〇에 알맞은 글자를 넣어 낱말을 만드세요.

〇 마
▶ 나무로 만든 말

3 다음 낱말의 알맞은 뜻을 찾아 선으로 이으세요.

목수 •

• 나무를 심으러
가는 사람

• 나무로 물건을
만드는 사람

金 쇠 금/성 김

🔍 일기 예보에서 금요일 날씨를 보고, 오늘 배울 한자 붙임 딱지를 붙이세요.

붙임 딱지 119쪽

◑ 정답 8쪽

한자를 써요

🔍 연하게 쓰인 한자를 따라 써 본 후, 빈칸에 바르게 쓰세요.

✏️ 모양 　　　　　 📢 뜻·음

쇠 금
성 김

◀ QR을 보며
따라 써요!

2주

金	金	金	金
쇠 금/성 김	쇠 금/성 김	쇠 금/성 김	쇠 금/성 김

쇠 금/성 김	쇠 금/성 김	쇠 금/성 김	쇠 금/성 김

🔍 '金(쇠 금)'이 들어간 한자어를 알아보아요.

황금	黃	金
	누를 황 / 쇠 금	
	누런빛의 금	

금색	金	色
	쇠 금 / 빛 색	
	빛이 나는 누런색	

◑ 정답 8쪽

1 다음 밑줄 친 한자의 뜻과 음(소리)을 찾아 ✔표 하세요.

찾고 있습니다!!!

3月 ○○日 <u>金</u>요일
공원에서 잃어버렸습니다.
이름 아롱이(암컷)
특징 <u>金</u>색 목줄
핑크 리본

쇠 금	☐
물 수	☐
나무 목	☐

2 다음 중 '쇠 금'을 나타내는 한자에 색칠하세요.

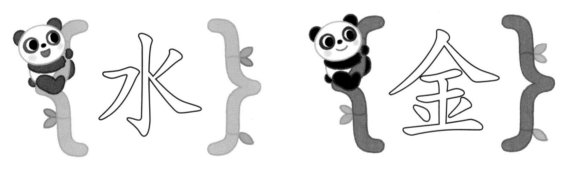

3 다음 밑줄 친 한자의 음(소리)으로 알맞은 것에 ○표 하세요.

옛날의 왕들은 황<u>金</u> 왕관을 썼습니다.

금   김

2주 복습

🔍 다음 글을 읽고, 서로 어울리는 그림과 한자를 선으로 이으세요. ◑ 정답 9쪽

수요일에는 비가 오고, 목요일은 맑고, 금요일은 흐리겠습니다.

연하게 쓰인 한자를 따라 써 본 후, 빈칸에 바르게 쓰세요.

水	水		
물 수	물 수	물 수	물 수

木	木		
나무 목	나무 목	나무 목	나무 목

金	金		
쇠 금/성 김	쇠 금/성 김	쇠 금/성 김	쇠 금/성 김

2주

5일 한자어를 익혀요

2주에 배운 한자를 복습해요.

🔍 만화를 읽으며 이번 주에 배운 한자어를 확인해 보세요.

정답 9쪽

1 다음 한자의 뜻과 음(소리)이 쓰인 붙임 딱지를 붙이세요. 붙임 딱지 119쪽

2 뜻에 맞는 한자어가 되도록 빈칸에 한자 또는 우리말을 쓰세요.

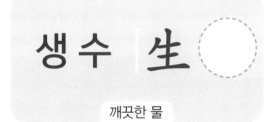

생수 生 ◯

깨끗한 물

금색 ◯ 色

빛이 나는 누런색

◯영 水泳

물속을 헤엄치는 일

◯마 木馬

나무로 만든 말

누구나 100점 TEST

1 ◯에 다음 한자의 뜻에 맞는 음(소리)을 쓰세요.

金

쇠 ◯ / 성 ◯

2 다음 그림이 나타내는 한자를 찾아 색칠하세요.

  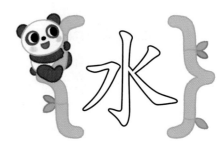

3 다음 한자의 뜻과 음(소리)을 찾아 ◯표 하세요.

水	물 수	달 월
木	날 일	나무 목
金	쇠 금	불 화

4 다음 그림이 나타내는 낱말을 찾아 선으로 이으세요.

• 목수

• 목마

5 밑줄 친 한자를 바르게 읽어 요일별로 맞는 색으로 그림에 색칠하세요.

水요일 – 노란색 木요일 – 회색 金요일 – 빨간색

(금요일) (수요일) (목요일)

6 다음 낱말의 설명이 맞으면 '예', 틀리면 '아니요'에 ○표 하세요.

'황금'은 '누런빛의 금'이라는 뜻입니다.

 예

 아니요

📖 만화를 읽고, 만화 속에 등장한 성어를 알아봅시다.

물고기는 물을 정말 좋아하는 것 같아.

맞아요. 물과 물고기는 떨어질 수 없는 아주 가까운 사이예요. 이런 사이를 일컬어 수어지교라고 해요.

수어지교라……. 바늘과 실도 뗄 수 없는 사이야!

맞아요. 빵과 우유도 수어지교라고 할 수 있겠네요!

◆ 성어의 뜻과 음을 알아보고, 빈칸에 한자 붙임 딱지를 붙이세요. 붙임 딱지 119쪽

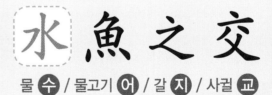

수어지교　水 魚 之 交

물 수 / 물고기 어 / 갈 지 / 사귈 교

→ '물이 없으면 살 수 없는 물고기와 물의 관계'라는 뜻으로, 떼어낼 수 없을 정도로 가까운 사이를 뜻하는 말

2주 특강 생각을 키워요 ②

창의·융합·코딩

📖 대화를 읽고, 문제를 풀어 보세요.

1 다음 밑줄 친 음(소리)에 해당하는 한자를 찾아 ○표 하세요.

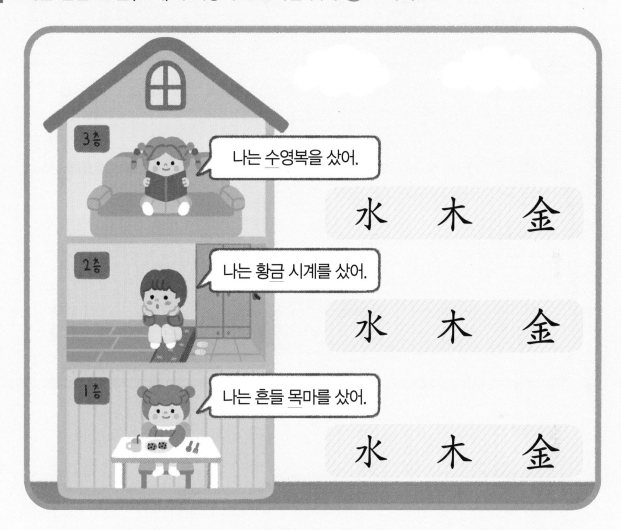

2주

2 안내문에 따라 배달할 순서대로 택배 붙임 딱지를 붙여 주세요. 붙임 딱지 119쪽

🐰 **부모님께 귓속말**

순서를 통하여 한자와 코딩을 익히는 활동입니다.

📖 예시 와 같이 한글의 자음과 모음을 합쳐서 뜻을 쓰고, 뜻에 해당하는 한자를 보기 에서 찾아 쓰세요.

보기

月	火	水	木	金	日

예시

ㄴ + ㅏ + ㄹ = 날 日

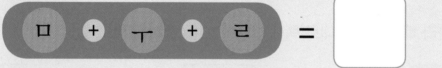

ㅁ + ㅜ + ㄹ =

ㅂ + ㅜ + ㄹ =

ㄷ + ㅏ + ㄹ = [　]

ㄴ + ㅏ = [　]

ㅁ + ㅜ = [　]

ㅅ + ㅚ = [　]

 **부모님께 귓속말**

한글의 자음과 모음을 조합하면서 한자의 뜻을 쓰고, 뜻에 해당하는 한자도 써 보는 활동입니다.

3주에는 무엇을 공부할까? ❶

동물들의 삶은 정말 신기해! 동물들에 대해 좀 더 알고 싶어.

주인님, 그렇다면 이 책을 보세요.

동물 백과사전

흙 속에 사는 동물? 흙 속에 사는 동물들이 있대! 알아봐야겠다!

궁   금

동물 백과사전

흙 속에 사는 동물

흙 속에는 다양한 동물들이 삽니다. 지렁이, 개미와 같은 小형 동물들도 살고 벌레보다 큰 두더지도 삽니다. 하지만 코끼리 같은 大형 동물은 살지 않습니다.

이건 무슨 뜻이야?

한자를 색칠해 보세요!

土

흙 속에 사는 동물

흙 속에는 다양한 동물들이 삽니다.
지렁이, 개미와 같은
소형 동물들도 살고
벌레보다 큰 두더지도 삽니다.
하지만 코끼리 같은
대형 동물은 살지 않습니다.

!!

와, 한글로 바뀌었다!

작은 벌레들만
흙 속에서 사는 게 아니었네!

아   하

주인님,
뭐하세요?

두더지를
만나러 갈 거야.
같이 가자!

3주

72 / 똑똑한 하루 한자

✪ 이번 주에 배울 한자의 뜻과 음(소리)을 큰 소리로 읽으며, 한자 붙임 딱지를 붙여
　 보세요. 붙임 딱지 121쪽

土

흙 토

◗ 정답 11쪽

뜻이 서로 반대예요

◐ 정답 11쪽

🔍 뜻이 서로 반대되는 것끼리 선으로 이으세요.

적다

작다

크다

덥다

춥다

많다

한자 중에는 서로 반대(상대)되는 뜻을 가진 것이 있어요.
'크다'와 '작다', '많다'와 '적다' 같은 말이 서로 반대되는 말이에요.

3주

코끼리는 **큽니다.** 　大　큰 대

다람쥐는 **작습니다.** 　小　작을 소

1 '큰 대(大)'와 뜻이 반대되는 한자에 ◯표 하세요.

大
큰 대

小
작을 소

多
많을 다

2 반대의 뜻을 가진 한자끼리 선으로 이으세요.

많을 다(多) ·

· 작을 소(小)

큰 대(大) ·

· 적을 소(少)

3주

2일 土 흙 토

🔍 오늘 배울 한자 붙임 딱지를 붙이고, 그림 속에서 오늘 배울 한자의 뜻과 음(소리)
을 찾아 〇표 하세요. 붙임 딱지 121쪽

◑ 정답 12쪽

오늘 배울 한자

土

흙 토

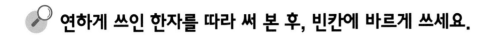
🔍 연하게 쓰인 한자를 따라 써 본 후, 빈칸에 바르게 쓰세요.

✏️ 모양　　　　📢 뜻·음

흙 토

◀ QR을 보며
따라 써요!

土	土	土	土
흙 토	흙 토	흙 토	흙 토

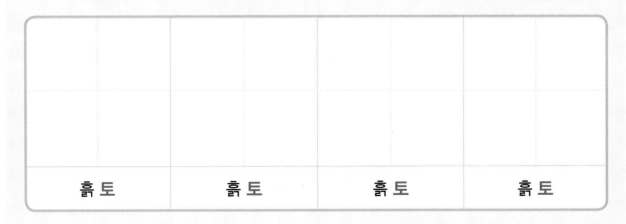

흙 토	흙 토	흙 토	흙 토

3주

🔍 '土(흙 토)'가 들어간 한자어를 알아보아요.

토기	土 器	국토	國 土
	흙 토 / 그릇 기		나라 국 / 흙 토
	진흙으로 만든 그릇		나라의 땅

기초 실력을 키워요

1 다음 한자어의 알맞은 뜻을 찾아 선으로 이으세요.

국토(國土)

• 나라의 땅

• 진흙으로
만든 그릇

2 다음 한자의 뜻과 음(소리)을 보기 에서 찾아 그 번호를 쓰세요.

보기
① 날 일   ② 흙 토

→ (   )

3 다음 밑줄 친 한자의 음(소리)을 보기 에서 찾아 그 번호를 쓰세요.

보기
① 월   ② 토

• 흙으로 만든 그릇을 土기라고 합니다.

→ (   )

大 큰 대

🔍 오늘 배울 한자 붙임 딱지를 붙이고, 그림 속에서 오늘 배울 한자의 뜻과 음(소리)을 찾아 ◯표 하세요. 붙임 딱지 121쪽

◑ 정답 12쪽

오늘 배울 한자

大

큰 대

🔍 연하게 쓰인 한자를 따라 써 본 후, 빈칸에 바르게 쓰세요.

✏️ 모양   📢 뜻·음

큰 대

◀ QR을 보며
따라 써요!

大	大	大	大
큰 대	큰 대	큰 대	큰 대

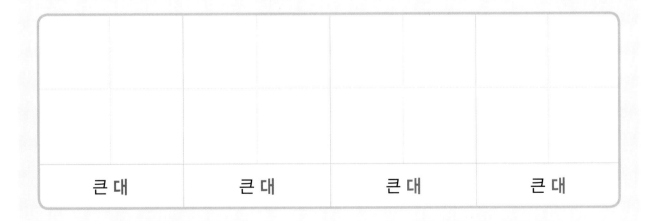

큰 대	큰 대	큰 대	큰 대

3주

3일 한자어를 익혀요

🔍 **'大(큰 대)'가 들어간 한자어를 알아보아요.**

대인	大 人	대왕	大 王
	큰 대 / 사람 인		큰 대 / 임금 왕
	자라서 어른이 된 사람		훌륭하고 뛰어난 임금

1 설명에 해당하는 한자를 보기 에서 찾아 그 번호를 쓰세요.

> 보기
>
> ① 土　　　　② 大

뜻은 '크다'이고, '대'라고 읽습니다.

→ (　　　　　)

2 다음 한자에 해당하는 그림을 찾아 색칠하세요.

3 다음 밑줄 친 한자의 음(소리)을 쓰세요.

세종<u>大</u>왕은 한글을 만드신 훌륭한 임금입니다.

→ (　　　　　)

4일

小 작을 소

🔍 수족관을 보고, 오늘 배울 한자 붙임 딱지를 붙이세요. 붙임 딱지 121쪽 ◑ 정답 13쪽

오늘 배울 한자

小

작을 소

한자를 써요

🔍 연하게 쓰인 한자를 따라 써 본 후, 빈칸에 바르게 쓰세요.

✏️ 모양　　　　📢 뜻·음

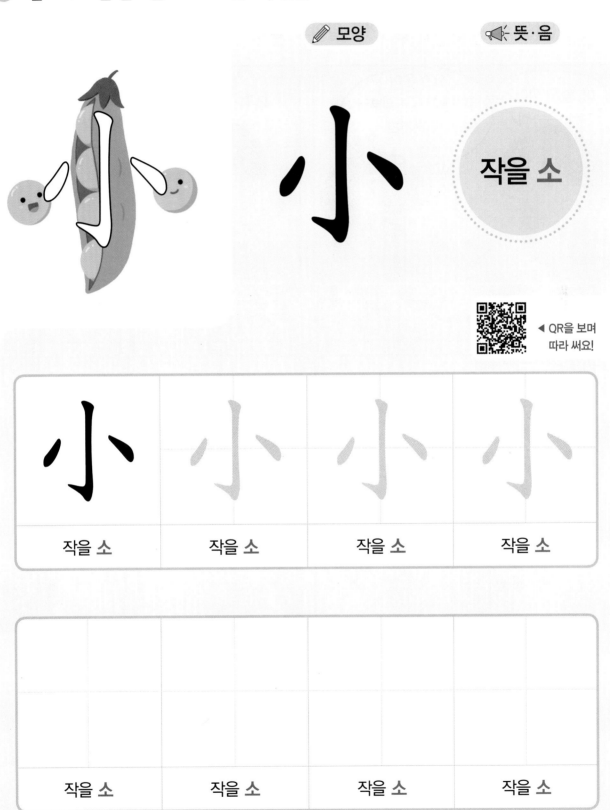

작을 소

◀ QR을 보며
따라 써요!

小	小	小	小
작을 소	작을 소	작을 소	작을 소

작을 소	작을 소	작을 소	작을 소

3주

🔍 '小(작을 소)'가 들어간 한자어를 알아보아요.

소식	小 食 작을 소 / 먹을 식	소인	小 人 작을 소 / 사람 인
	음식을 적게 먹음.		나이가 어린 사람

1 '小'의 알맞은 뜻과 음(소리)을 찾아 ✔표 하세요.

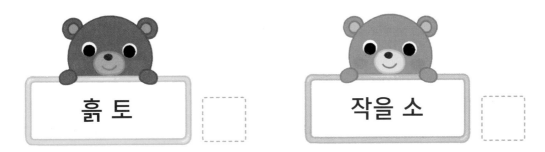

흙 토 ☐ 작을 소 ☐

2 아이들의 설명에 해당하는 한자를 보기 에서 찾아 빈칸에 쓰세요.

보기

大 土 小

크기를 나타내는 한자야. 뜻은 '작다'야. '소'라고 읽어.

3 ◯에 알맞은 글자를 넣어 낱말을 만드세요.

◯ 식

▶ 음식을 적게 먹음.

3주 복습

🔍 다음의 뜻과 음(소리)에 해당하는 한자를 찾아 같은 색으로 색칠하세요.

◑ 정답 13쪽

흙 토   큰 대   작을 소

연하게 쓰인 한자를 따라 써 본 후, 빈칸에 바르게 쓰세요.

| 흙 토 | 흙 토 | 흙 토 | 흙 토 |

| 큰 대 | 큰 대 | 큰 대 | 큰 대 |

| 작을 소 | 작을 소 | 작을 소 | 작을 소 |

🔍 만화를 읽으며 이번 주에 배운 한자어를 확인해 보세요.

냥이야, 이번 주 토(土)요일에 엄마 아빠랑 토기(土器) 박물관에 갈까?

네.

난 공룡 박물관 보고 싶은데….

박물관 매표소

大 인 5,000원

小 인 500원

대인(大人) 두 사람, 소인(小人) 한 사람이요.

박물관

역시 우리 국토(國土)에서 나온 흙으로 만든 토기라 색도 모양도 멋지구나. 그렇지?

휴

네.

그렇네요.

야호!

자, 이제 점심 먹으러 가자.

파스타요.

파스타 가게

당신, 다이어트 때문에 소식(小食)한다고 하지 않았소?

이 정도는 괜찮아요.

허겁 지겁

엄마는 먹는 것에서는 대왕(大王) 같아.

윽! 캑캑!

1 한자에 달린 줄을 타고 내려가 보기와 같이 한자의 뜻과 음(소리)을 쓰세요.

보기
큰 대

2 뜻에 맞는 한자어가 되도록 빈칸에 한자 또는 우리말을 쓰세요.

국토 國 ◯

나라의 땅

대왕 ◯ 王

훌륭하고 뛰어난 임금

◯ 인 大人

자라서 어른이 된 사람

◯ 식 小食

음식을 적게 먹음.

누구나 100점 TEST

1 다음 그림이 나타내는 한자를 찾아 색칠하세요.

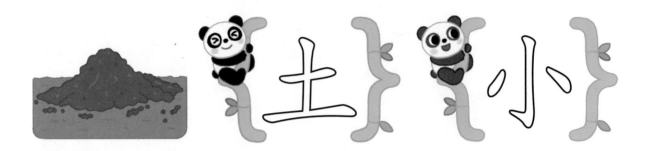

2 다음 그림이 나타내는 한자의 뜻과 음(소리)을 찾아 선으로 이으세요.

흙 토   작을 소   큰 대

3 다음 밑줄 친 낱말의 한자어를 보기 에서 찾아 그 번호를 쓰세요.

보기

① 小人   ② 大人

• 대개 소인은 대인보다 입장료가 쌉니다. ➡ (   )

4 다음 한자와 뜻이 반대되는 한자를 찾아 선으로 이으세요.

5 ⃝에 들어갈 알맞은 한자를 쓰세요.

▶ 훌륭하고 뛰어난 임금

→

6 다음 한자어의 뜻을 바르게 설명한 것에 ◯표 하세요.

소식(小食)

음식을 (많이 / 적게) 먹는 것

📖 만화를 읽고, 만화 속에 등장한 성어를 알아봅시다.

정답 14쪽

◆ 성어의 뜻과 음을 알아보고, 빈칸에 한자 붙임 딱지를 붙이세요. 붙임 딱지 121쪽

대동소이　大 同 小 異

클 대 / 한가지 동 / 작을 소 / 다를 이

→ '거의 같고 조금 다르다.'라는 뜻으로, 큰 차이가 없어서 거의 같음을 이르는 말

📖 한자의 뜻과 음(소리)이 쓰여 있는 세 가지 맛의 아이스크림이 있어요. 예시 와 같이
아이스크림 맛에 해당하는 한자를 보기 에서 찾아 순서대로 쓰세요.

보기

大　　小　　土

큰 대　작을 소　흙 토

예시

小 → 土

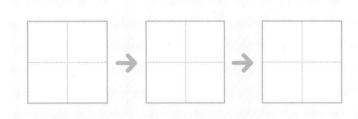

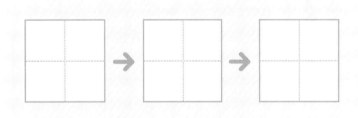

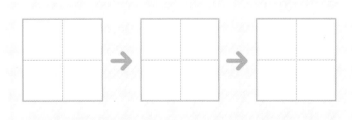

부모님께 귓속말

색을 구분하며 한자의 뜻과 음(소리)을 익히는 활동입니다.

3_주 특강 생각을 키워요 ❸ 창의·융합·코딩

📖 도형 맞추기 놀이를 해 보세요.

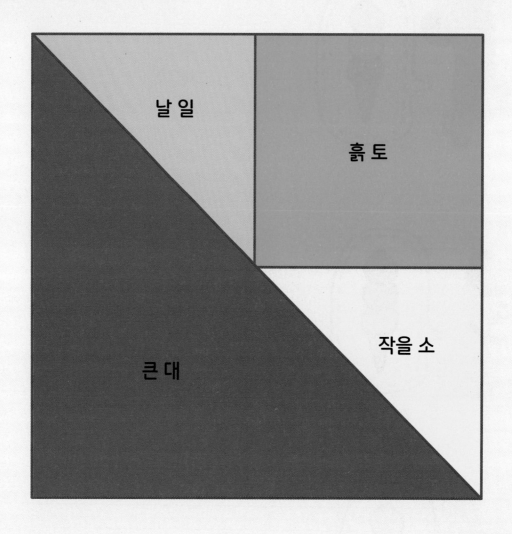

1 위의 색깔 도형에 쓰여 있는 뜻과 음(소리)에 맞는 한자 붙임 딱지를 붙이세요.

붙임 딱지 121쪽

빨간색	노란색	파란색	초록색
붙임 딱지	붙임 딱지	붙임 딱지	붙임 딱지

2 한자와 뜻·음(소리)이 어울리도록 도형에 색칠하고, 주변 그림도 자유롭게 색칠하세요.

 **부모님께 귓속말**

한자의 뜻과 음(소리)이 쓰여 있는 도형을 찾아 같은 색으로 칠해 보는 활동입니다.

◆ 만화를 읽으며 지금까지 배운 한자를 다시 공부해 보세요.

1 책에 나온 밑줄 친 한자의 음(소리)을 쓰세요.

※ 여기서 '金'은 '쇠'를 의미할 때의 음(소리)으로 읽어 주세요.

배운 한자 다시 보기

| 日 날일 | 月 달월 | 火 불화 | 水 물수 | 木 나무목 |
| 金 쇠금/성김 | 土 흙토 | 大 큰대 | 小 작을소 | |

2 다음 밑줄 친 말에 해당하는 한자를 쓰세요.

제일 <u>큰</u> 행성이 **木**성이고 제일 <u>작은</u> 행성이 <u>水</u>성이에요.

재미있는 한자 퀴즈 ①

1 그림을 보며 나무를 키우는 순서를 써 보고, 밑줄 친 말에 해당하는 한자를 [보기] 에서 찾아 쓰세요.

[보기]
日	水	木	土

☐

마침내 큰 <u>나무</u>로 자라나요.

☐

열심히 <u>물</u>을 줘요.

☐

맑은 <u>날</u>에는 햇빛을 보여줘요.

1

<u>흙</u>에 씨앗을 심어요.

2 그림 속 시계를 보며 우주의 하루 일과를 순서대로 써 보고, 밑줄 친 말에 해당하는 한자를 보기 에서 찾아 쓰세요.

보기

金　　　月　　　大　　　小

	친구들과 <u>작은</u> 벌레들을 구경했어요.	

	<u>금</u>색 색연필로 색칠 놀이를 했어요.	

	밤하늘에 떠 있는 <u>달</u>을 봤어요.	

1	아침으로 <u>큰</u> 샌드위치를 먹었어요.	

재미있는 한자 퀴즈 ②

◆ 다음 뜻과 음(소리)에 알맞은 한자의 조각을 찾아 ○표 하고, 올바른 한자를 쓰세요.

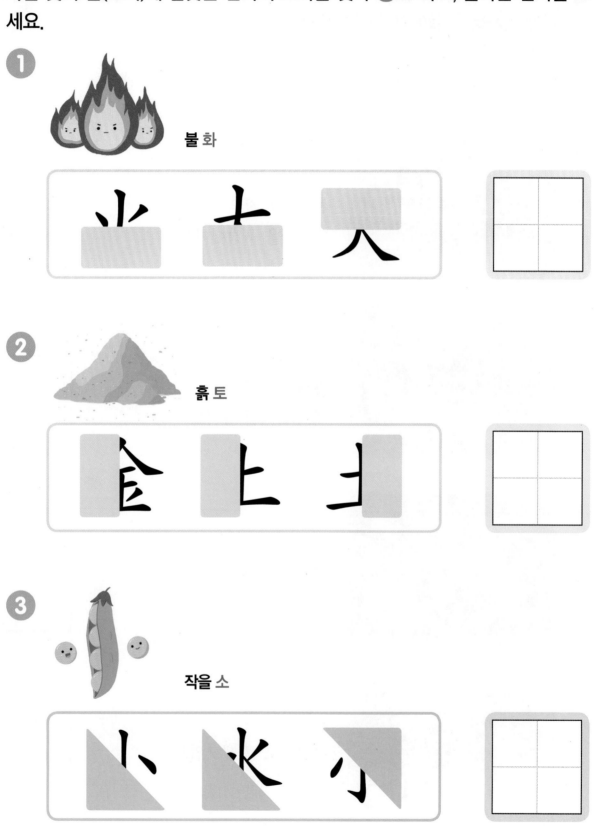

1 불 화

2 흙 토

3 작을 소

④ 큰 대

⑤ 쇠금 / 성 김

⑥ 달 월

1 다음 한자의 뜻에 해당하는 그림을 찾아 선으로 이으세요.

❶ 月 ·

❷ 火 ·

❸ 木 ·

❹ 金 ·

◐ 정답 17쪽

2 다음 그림에 해당하는 낱말을 보기 에서 찾아 쓰세요.

보기

황금　　소식　　대왕　　오일

1 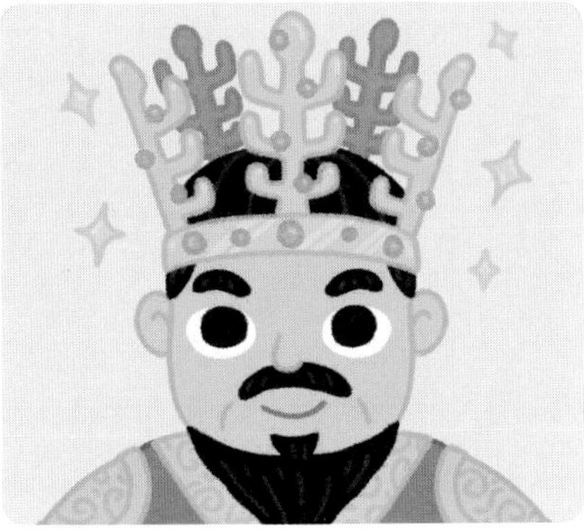

훌륭하고 뛰어난 임금

2 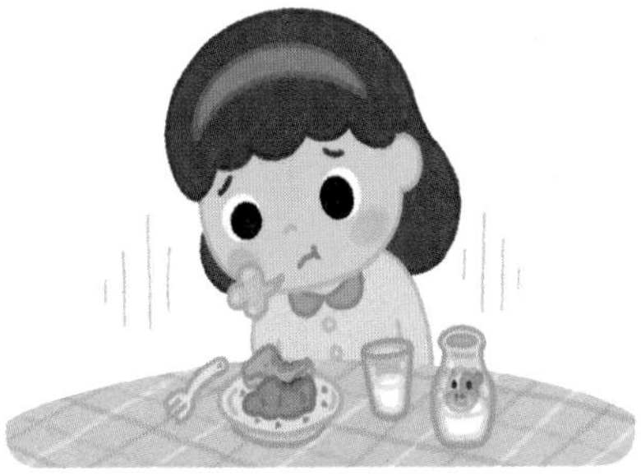

음식을 적게 먹음.

3 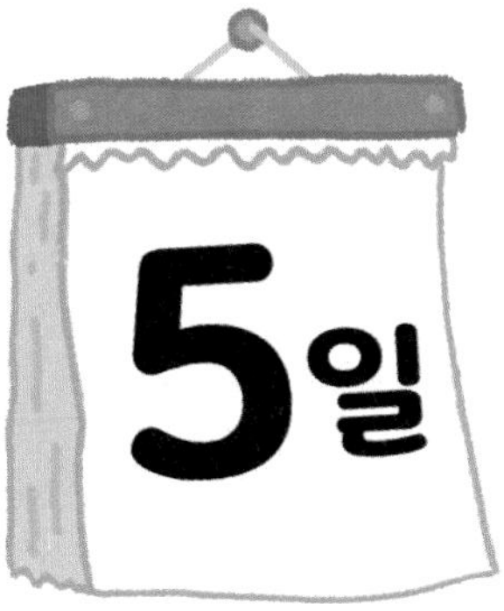

다섯 날. 한 달의 다섯째 날

4 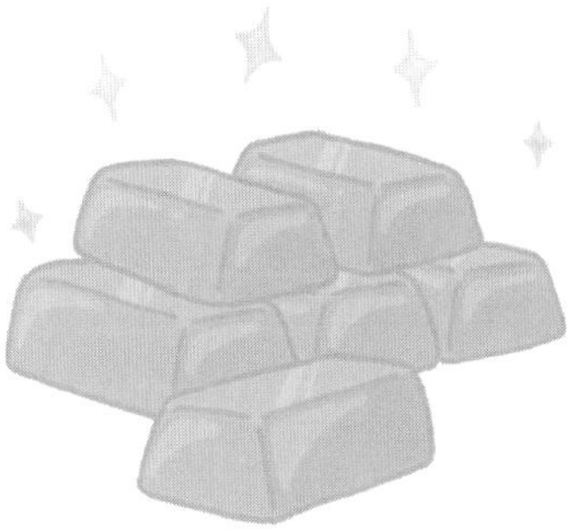

누런빛의 금

3 다음 그림에 맞는 한자어가 되도록 빈칸에 들어갈 한자를 보기 에서 찾아 쓰세요.

보기

日	木	月	水

❶

나무로 만든 말

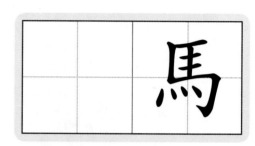

❷

한 해의 일곱째 달

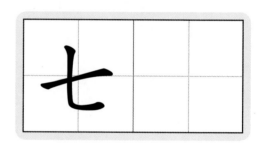

❸

6월 달력

하루하루의 모든 날. 날마다

❹

생수

깨끗한 물

4 문제를 잘 읽고, 빈칸에 알맞은 말을 보기 에서 찾아 쓰세요.

보기
| 소인 | 대인 | 사월 | 화산 |

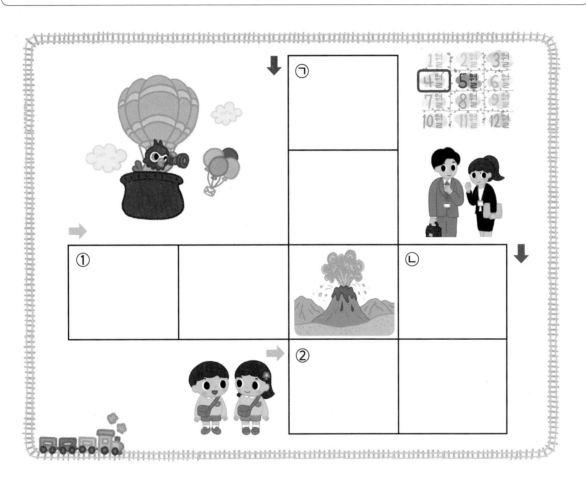

가로 문제 ➡

① 불을 뿜는 산

② 나이가 어린 사람

세로 문제 ⬇

㉠ 한 해의 네 번째 달

㉡ 자라서 어른이 된 사람

1 다음 한자의 뜻에 해당하는 그림을 찾아 선으로 이으세요.

❶ 土 •

❷ 小 •

❸ 大 •

❹ 水 •

2 다음 그림에 해당하는 낱말을 보기 에서 찾아 쓰세요.

보기

목수   수영   사월   토기

①

물속을 헤엄치는 일

②

나무로 물건을 만드는 사람

③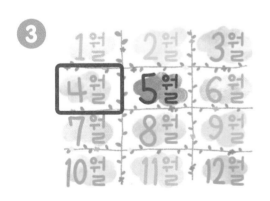

한 해의 넷째 달

④

진흙으로 만든 그릇

3 다음 그림에 맞는 한자어가 되도록 빈칸에 들어갈 한자를 보기 에서 찾아 쓰세요.

보기

金　　小　　火　　大

①

불을 뿜는 산

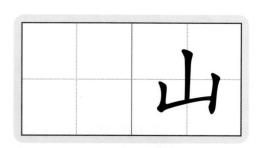
山

②

빛이 나는 누런색

色

③

나이가 어린 사람

人

④

자라서 어른이 된 사람

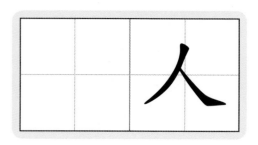
人

4 문제를 잘 읽고, 빈칸에 알맞은 말을 보기 에서 찾아 쓰세요.

보기

토기   국토   소식   생수   수영   황금

가로 문제 ➡

① 물속을 헤엄치는 일

② 나라의 땅

③ 음식을 적게 먹음

세로 문제 ⬇

㉠ 깨끗한 물

㉡ 누런빛의 금

㉢ 진흙으로 만든 그릇

학습 내용 찾아보기

붙임 딱지

예비초 B

🐻 8~9쪽

日　　　月　　　火

🐻 14쪽　　　🐻 18쪽　　　🐻 22쪽

날 일　　　달 월　　　불 화

🐻 26쪽　　　　　　　　　🐻 33쪽

🐻 37쪽

2주 붙임 딱지

🐻 40~41쪽

🐻 45쪽 2번

쇠 금 성 김

🐻 46쪽

물 수

🐻 50쪽

나무 목

🐻 54쪽

쇠 금/성 김

🐻 61쪽 1번

쇠 금/성 김 나무 목 물 수

🐻 65쪽

水

🐻 67쪽 2번

水 木 金

3주 붙임 딱지

🐻 72~73쪽

🐻 78쪽

흙 토

🐻 82쪽

큰 대

🐻 86쪽

작을 소

🐻 97쪽

🐻 100쪽

土 日 大 小

日

날 일

月

달 월

火

불 화

한자를 따라 쓰고, 알맞은 뜻과 음(소리)을 쓰세요.

日

뜻 _____

음 _____

카드의 앞면에서 뜻과 음(소리)을 확인하세요.

한자를 따라 쓰고, 알맞은 뜻과 음(소리)을 쓰세요.

月

뜻 _____

음 _____

카드의 앞면에서 뜻과 음(소리)을 확인하세요.

한자를 따라 쓰고, 알맞은 뜻과 음(소리)을 쓰세요.

뜻 _____

음 _____

카드의 앞면에서 뜻과 음(소리)을 확인하세요.

물 수

나무 목

쇠 금/성 김

한자를 따라 쓰고, 알맞은 뜻과 음(소리)을 쓰세요.

水

뜻 _____

음 _____

카드의 앞면에서 뜻과 음(소리)을 확인하세요.

한자를 따라 쓰고, 알맞은 뜻과 음(소리)을 쓰세요.

木

뜻 _____

음 _____

카드의 앞면에서 뜻과 음(소리)을 확인하세요.

한자를 따라 쓰고, 알맞은 뜻과 음(소리)을 쓰세요.

金

뜻 _____

음 _____

카드의 앞면에서 뜻과 음(소리)을 확인하세요.

흙 토

큰 대

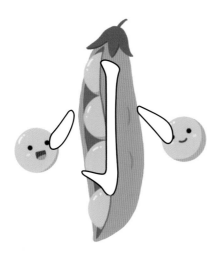

작을 소

한자를 따라 쓰고, 알맞은 뜻과 음(소리)을 쓰세요.

뜻 _____

음 _____

카드의 앞면에서 뜻과 음(소리)을 확인하세요.

한자를 따라 쓰고, 알맞은 뜻과 음(소리)을 쓰세요.

뜻 _____

음 _____

카드의 앞면에서 뜻과 음(소리)을 확인하세요.

한자를 따라 쓰고, 알맞은 뜻과 음(소리)을 쓰세요.

뜻 _____

음 _____

카드의 앞면에서 뜻과 음(소리)을 확인하세요.

五日

오일

每日

매일

四月

사월

오일

五日
다섯 오 / 날 일

다섯 날.
한 달의 다섯째 날

빈칸 채우기

학교는 1주에 ☐☐(五日) 수업을 합니다.

매일

每日
매양 매 / 날 일

날마다.
하루하루의 모든 날

빈칸 채우기

나는 ☐☐(每日) 일기를 쓰고 있습니다.

사월

四月
넉 사 / 달 월

한 해의 넷째 달

빈칸 채우기

☐☐(四月)이 되면 날씨가 따뜻해집니다.

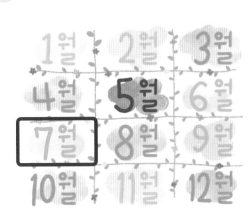

七月

칠월

火山

화산

火力

화력

칠월

七月

일곱 칠 / 달 월

한 해의 일곱째 달

 빈칸 채우기

냥이는 ☐☐(七月)부터 태권도를 배울 것입니다.

화산

火山

불 화 / 메 산

불을 뿜는 산

 빈칸 채우기

일본에는 ☐☐(火山)도 많고, 온천도 많습니다.

화력

火力

불 화 / 힘 력

불이 가진 힘

 빈칸 채우기

마른 나무는 ☐☐(火力)이 더 세다고 합니다.

水泳

수영

生水

생수

木馬

목마

수영

水泳

울 수 / 헤엄칠 영

물속을 헤엄치는 일

 빈칸 채우기

나의 꿈은 국가대표 ☐☐(水泳) 선수입니다.

생수

生水

날 생 / 물 수

깨끗한 물

 빈칸 채우기

목이 말라 ☐☐(生水) 한 컵을 다 마셨습니다.

목마

木馬

나무 목 / 말 아

나무로 만든 말

 빈칸 채우기

아이들이 회전 ☐☐(木馬)를 타고 신나게 소리칩니다.

木手

옥수

黃金

황금

金色

금색

목수

木手
나무 목 / 손 수

나무로 물건을
만드는 사람

 빈칸 채우기

□□(木手)가 나무로 책상을 만들고 있습니다.

황금

黃金
누를 황 / 쇠 금, 성 김

누런빛의 금

 빈칸 채우기

나는 꿈속에서 □□(黃金) 마차를 탔습니다.

금색

金色
쇠 금, 성 김 / 빛 색

빛이 나는 누런색

 빈칸 채우기

로봇의 다리는 □□(金色)으로 칠하고 싶습니다.

土器

토기

國土

국토

大人

대인

토기

土器

흙 토 / 그릇 기

진흙으로 만든 그릇

빈칸 채우기

☐☐(土器)는 깨지기 쉬워서 살살 다루어야 합니다.

국토

國土

나라 국 / 흙 토

나라의 땅

빈칸 채우기

독도는 우리나라의 ☐☐(國土)입니다.

대인

大人

큰 대 / 사람 인

자라서 어른이 된 사람

빈칸 채우기

☐☐(大人)은 소인보다 입장 요금이 비쌉니다.

大王

대왕

小食

소식

小人

소인

대왕

大王

큰 대 / 임금 왕

훌륭하고 뛰어난 임금

세종 ☐☐(大王)은 한글을 만든 훌륭한 임금입니다.

소식

小食

작을 소 / 먹을 식

음식을 적게 먹음.

다이어트를 위해 ☐☐(小食)을 하고 있습니다.

소인

小人

작을 소 / 사람 인

나이가 어린 사람

저 공원은 단체로 가면 ☐☐(小人) 요금을 받습니다.

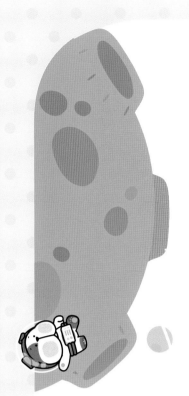

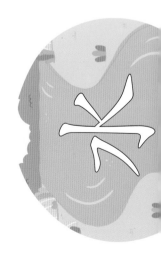

쇠금/성김

나무 목

물 수

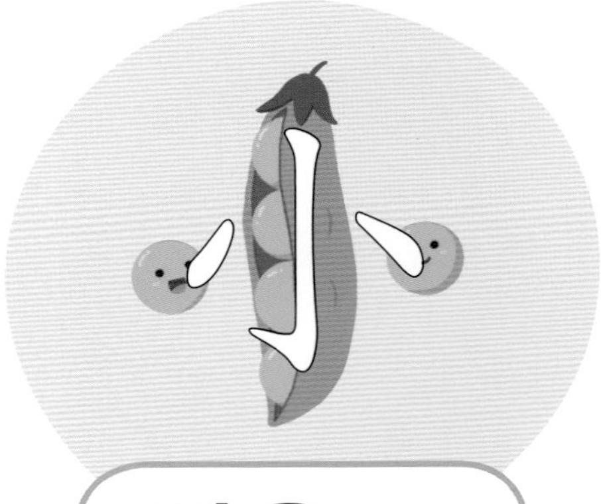

작을 소

큰 대

흙 토

小 大 土 金 木 水 火 月 日

水 漁 之 交

물 .... 물고기 .... 갈 .... 사귈 ....
수 어 지 교

물고기에게 물은 정말 소중한 존재이지요.
수어지교란 물고기와 물의 관계처럼,
아주 친밀하여 떨어질 수 없는 사이
또는 깊은 우정을 일컫는 말이랍니다.

해당 콘텐츠는 천재교육 '똑똑한 하루 독해'를 참고하여 제작되었습니다.
모든 공부의 기초가 되는 어휘력+독해력을 키우고 싶을 땐,
똑똑한 하루 독해&어휘를 풀어보세요!

똑똑한
하루
시/리/즈

쉽다!

10분이면 하루치 공부를 마칠 수 있는 커리큘럼으로,
아이들이 초등 학습에 쉽고 재미있게 접근할 수 있도록
구성하였습니다.

재미있다!

교과서는 물론 생활 속에서 쉽게 접할 수 있는
다양한 소재와 재미있는 게임 형식의 문제로
흥미로운 학습이 가능합니다.

똑똑하다!

초등학생에게 꼭 필요한 학습 지식 습득은 물론
창의력 확장까지 가능한 교재로 올바른 공부습관을
가지는 데 도움을 줍니다.

과목	교재 구성	과목	교재 구성
하루 독해	예비초~6학년 각 A·B (14권)	하루 VOCA	3~6학년 각 A·B (8권)
하루 어휘	예비초~6학년 각 A·B (14권)	하루 Grammar	3~6학년 각 A·B (8권)
하루 글쓰기	예비초~6학년 각 A·B (14권)	하루 Reading	3~6학년 각 A·B (8권)
하루 한자	예비초: 예비초 A·B (2권) 1~6학년: 1A~4C (12권)	하루 Phonics	Starter A·B / 1A~3B (8권)
하루 수학	1~6학년 1·2학기 (12권)	하루 봄·여름·가을·겨울	1~2학년 각 2권 (8권)
하루 계산	예비초~6학년 각 A·B (14권)	하루 사회	3~6학년 1·2학기 (8권)
하루 도형	예비초~6학년 각 A·B (14권)	하루 과학	3~6학년 1·2학기 (8권)
하루 사고력	1~6학년 각 A·B (12권)	하루 안전	1~2학년 (2권)

※ 각 교재별 출간 시기는 조금씩 다르며, 일부 교재는 순차적으로 출시될 예정입니다.

똑똑한
하루
한자

정답

예비초 B

천재교육

배운 내용은
꼭꼭 복습하기!

똑 똑 한

하루
한자

정답

예비초 B

008~009쪽

1주
도입

1주에는
무엇을 공부할까? ❷

◀ 정답 2쪽

☼ 이번 주에 배울 한자의 뜻과 음(소리)을 큰 소리로 읽으며, 한자 붙임 딱지를 붙여
보세요. 붙임 딱지 117쪽

8 / 똑똑한 하루 한자

예비초-B 1주 / 9

1주
1일

1일

한자는 어떻게
만들었나요?

🔍 '달 월(月)' 자를 색칠해 보세요.

◀ 정답 2쪽

10 / 똑똑한 하루 한자

013쪽

기초 실력을 키워요

◀ 정답 2쪽

1 다음 문장에 어울리는 낱말을 찾아 ○표 하세요.

처음 한자를 만들 때, 사물의 (모양) 이름)을 그려서 만들었어요.

2 한자가 만들어진 순서에 맞게 선으로 이으세요.

예비초-B 1주 / 13

2일 日 날 일

🔍 아래의 한자 조각들을 맞추었을 때 나타나는 한자를 알아보고, 한자 붙임 딱지를 붙이세요. 붙임 딱지 117쪽
◀ 정답 3쪽

오늘 배울 한자
日
날 일

14 / 똑똑한 하루 한자

기초 실력을 키워요
◀ 정답 3쪽

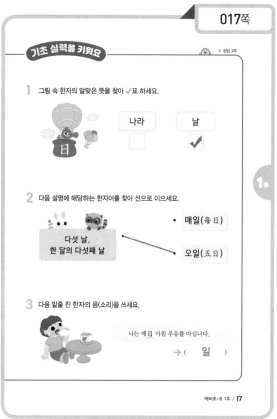

1 그림 속 한자의 알맞은 뜻을 찾아 ✔표 하세요.

나라 ☐   날 ✔

2 다음 설명에 해당하는 한자어를 찾아 선으로 이으세요.

다섯 날, 한 달의 다섯째 날

• 매일(每日)
• 오일(五日)

3 다음 밑줄 친 한자의 음(소리)을 쓰세요.

나는 매日 아침 우유를 마십니다.
→ (일)

예비초-B 1주 / 17

3일 月 달 월

🔍 힘껏 뛰어올라 오늘 배울 한자 붙임 딱지를 붙이세요. 붙임 딱지 117쪽
◀ 정답 3쪽

오늘 배울 한자
月
달 월

18 / 똑똑한 하루 한자

기초 실력을 키워요
◀ 정답 3쪽

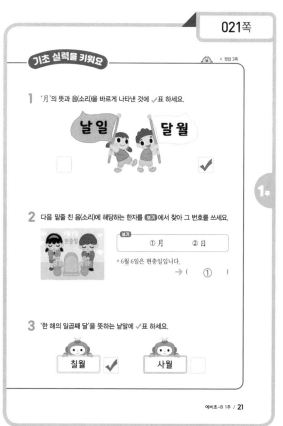

1 '月'의 뜻과 음(소리)을 바르게 나타낸 것에 ✔표 하세요.

날 일 ☐   달 월 ✔

2 다음 밑줄 친 음(소리)에 해당하는 한자를 보기에서 찾아 그 번호를 쓰세요.

보기
① 月   ② 日

※6월 6일은 현충일입니다.
→ (①)

3 '한 해의 일곱째 달'을 뜻하는 낱말에 ✔표 하세요.

칠월 ✔   사월 ☐

예비초-B 1주 / 21

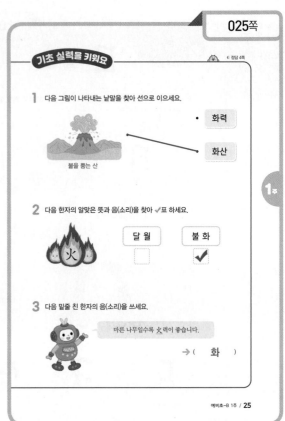

1주 TEST

1주 누구나 100점 TEST

정답 5쪽
맞은 개수 /6개

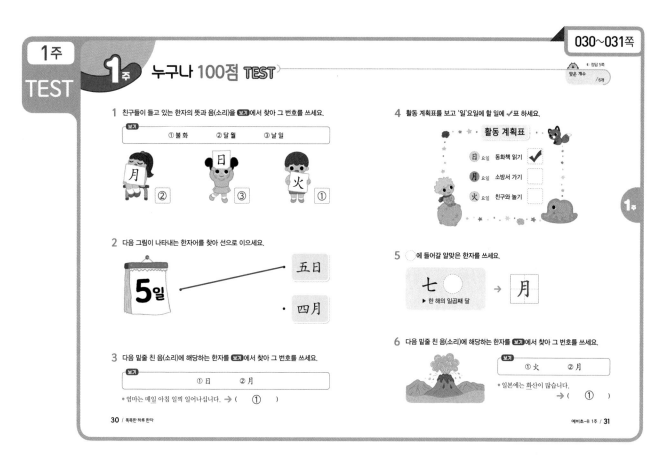

1 친구들이 들고 있는 한자의 뜻과 음(소리)을 보기에서 찾아 그 번호를 쓰세요.

보기
① 불 화   ② 달 월   ③ 날 일

月 ②   日 ③   火 ①

2 다음 그림이 나타내는 한자어를 찾아 선으로 이으세요.

5일 ──── 五日
      • 四月

3 다음 밑줄 친 음(소리)에 해당하는 한자를 보기에서 찾아 그 번호를 쓰세요.

보기
① 日   ② 月

• 엄마는 매일 아침 일찍 일어나십니다. → (①)

4 활동 계획표를 보고 '일'요일에 할 일에 ✓표 하세요.

활동 계획표
日 요일 동화책 읽기 ✓
月 요일 소방서 가기
火 요일 친구와 놀기

5 ◯에 들어갈 알맞은 한자를 쓰세요.

七 ◯ → 月
▶ 한 해의 일곱째 달

6 다음 밑줄 친 음(소리)에 해당하는 한자를 보기에서 찾아 그 번호를 쓰세요.

보기
① 火   ② 月

• 일본에는 화산이 많습니다.
→ (①)

1주 특강

정답 5쪽

◆ 성어의 뜻과 음을 알아보고, 빈칸에 한자 붙임 딱지를 붙이세요. 붙임 딱지 117쪽

전광석화   電 光 石 火
번개 전 / 빛 광 / 돌 석 / 불 화

→ '번개의 빛과 부싯돌의 불꽃'이라는 뜻으로, 매우 짧은 순간 또는 매우 빠른 동작을 이르는 말

정답 5쪽

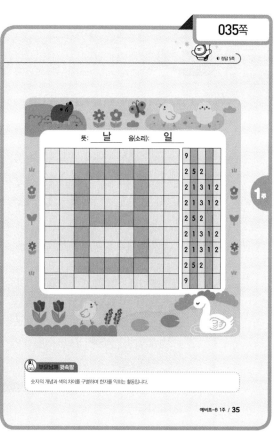

뜻: 날   음(소리): 일

9
2 5 2
2 1 3 1 2
2 1 3 1 2
2 5 2
2 1 3 1 2
2 1 3 1 2
2 5 2
9

부모님 꿀속말
숫자의 개념과 색의 차이를 구별하며 한자를 익히는 활동입니다.

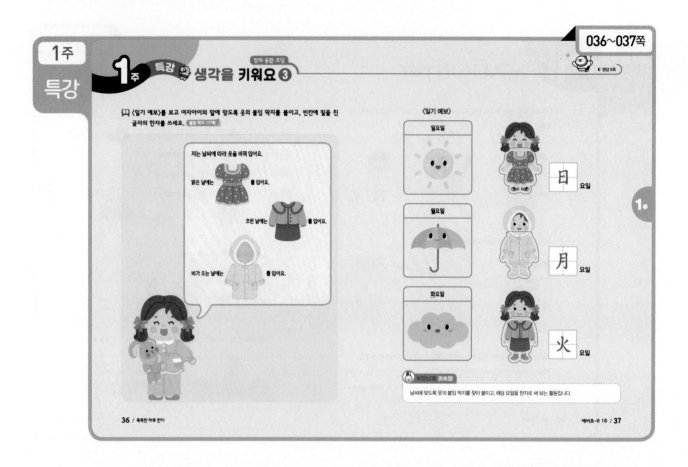

036~037쪽

040~041쪽

2주 1일

1일 여러 가지
뜻과 음을 익혀요

042쪽

🖊 빈칸에 들어갈 글자를 따라 써 보세요. 정답 7쪽

거위가 황 금 알을
낳았습니다.

내 이름은
김 천재입니다.

42 / 똑똑한 하루 한자

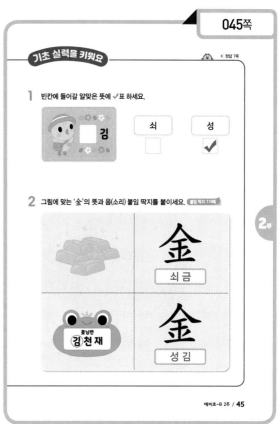

045쪽

기초 실력을 키워요 정답 7쪽

1 빈칸에 들어갈 알맞은 뜻에 ✔표 하세요.

[   ]김   쇠   성 ✔

2 그림에 맞는 '金'의 뜻과 음(소리) 붙임 딱지를 붙이세요. 붙임 딱지 119쪽

金
쇠 금

金
성 김

예비초-B 2주 / 45

2주 2일

2일 水 물 수

046쪽

🖊 오늘 배울 한자 붙임 딱지를 붙이고, 그림 속에서 오늘 배울 한자의 뜻과 음(소리)을 찾아 ○표 하세요. 붙임 딱지 119쪽 정답 7쪽

오늘 배울 한자
水
물 수

46 / 똑똑한 하루 한자

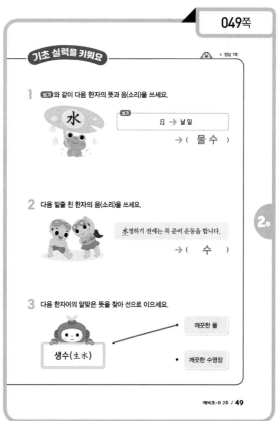

049쪽

기초 실력을 키워요 정답 7쪽

1 보기 와 같이 다음 한자의 뜻과 음(소리)을 쓰세요.

水

보기
日 ➡ 날 일

➡ (물 수)

2 다음 밑줄 친 한자의 음(소리)을 쓰세요.

水영하기 전에는 꼭 준비 운동을 합니다.

➡ (수)

3 다음 한자어의 알맞은 뜻을 찾아 선으로 이으세요.

생수(生水)

• 깨끗한 물

• 깨끗한 수영장

예비초-B 2주 / 49

예비초-B 정답 / **7**

050쪽

2주 3일

3일 木 나무 목

✏️ 오늘 배울 한자 붙임 딱지를 붙이고, 그림 속에서 오늘 배울 한자의 뜻과 음(소리)을 찾아 ○표 하세요. 붙임 딱지 119쪽

50 / 똑똑한 하루 한자

053쪽

기초 실력을 키워요

1 '木'의 뜻과 음(소리)을 찾아 ○표 하세요.

2 ○에 알맞은 글자를 넣어 낱말을 만드세요.

목 마
▶ 나무로 만든 말

3 다음 낱말의 알맞은 뜻을 찾아 선으로 이으세요.

목수 • 나무를 심으러 가는 사람
• 나무로 물건을 만드는 사람

예비초-B 2주 / 53

054쪽

2주 4일

4일 金 쇠 금/성 김

✏️ 일기 예보에서 금요일 날씨를 보고, 오늘 배울 한자 붙임 딱지를 붙이세요. 붙임 딱지 119쪽

월	화	수	목	금	토

54 / 똑똑한 하루 한자

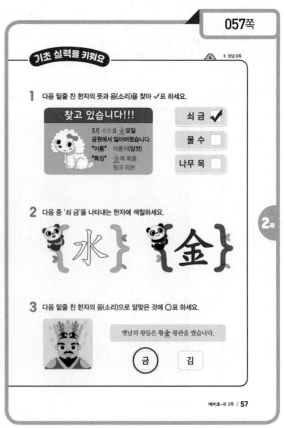

057쪽

기초 실력을 키워요

1 다음 밑줄 친 한자의 뜻과 음(소리)을 찾아 ✔표 하세요.

찾고 있습니다!!!
3月 ○○日 金요일 공원에서 잃어버렸습니다.
이름 아롱이(암컷)
특징 손색 목줄 핑크 리본

쇠 금 ✔
물 수 ☐
나무 목 ☐

2 다음 중 '쇠 금'을 나타내는 한자에 색칠하세요.

水 金

3 다음 밑줄 친 한자의 음(소리)으로 알맞은 것에 ○표 하세요.

옛날의 왕들은 황金 왕관을 썼습니다.

금 김

예비초-B 2주 / 57

2주 5일

5일 2주 복습

✏️ 다음 글을 읽고, 서로 어울리는 그림과 한자를 선으로 이으세요. ◀ 정답 9쪽

수요일에는 비가 오고, 목요일은 맑고, 금요일은 흐리겠습니다.

58 / 똑똑한 하루 한자

기초 실력을 키워요

◀ 정답 9쪽

1 다음 한자의 뜻과 음(소리)이 쓰인 붙임 딱지를 붙이세요. 붙임 딱지 119쪽

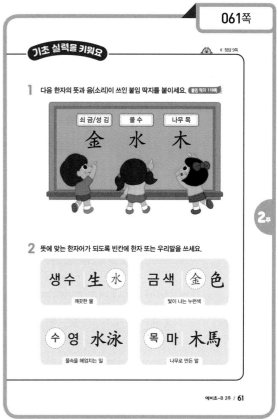

2 뜻에 맞는 한자어가 되도록 빈칸에 한자 또는 우리말을 쓰세요.

생수 生 水 — 깨끗한 물

금색 金 色 — 빛이 나는 누런색

수영 水泳 — 물속을 헤엄치는 일

목마 木馬 — 나무로 만든 말

예비초-B 2주 / 61

2주 TEST

2주 누구나 100점 TEST

◀ 정답 9쪽
맞은 개수 / 6개

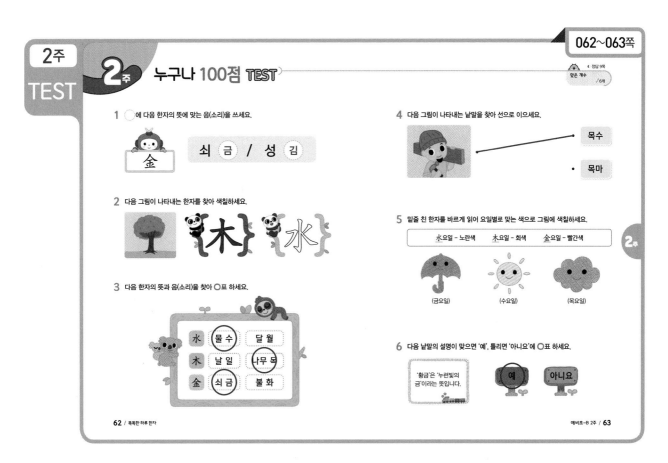

1 ◯에 다음 한자의 뜻에 맞는 음(소리)을 쓰세요.

金 — 쇠 금 / 성 김

2 다음 그림이 나타내는 한자를 찾아 색칠하세요.

木 水

3 다음 한자의 뜻과 음(소리)을 찾아 ◯표 하세요.

水 — 물 수 / 달 월
木 — 날 일 / 나무 목
金 — 쇠 금 / 불 화

4 다음 그림이 나타내는 낱말을 찾아 선으로 이으세요.

목수
• 목마

5 밑줄 친 한자를 바르게 읽어 요일별로 맞는 색으로 그림에 색칠하세요.

水요일 - 노란색   木요일 - 회색   金요일 - 빨간색

(금요일)   (수요일)   (목요일)

6 다음 낱말의 설명이 맞으면 '예', 틀리면 '아니요'에 ◯표 하세요.

'황금'은 '누런빛의 금'이라는 뜻입니다.

예   아니요

62 / 똑똑한 하루 한자

예비초-B 2주 / 63

예비초-B 정답 / 9

065쪽

🍵 정답 10쪽

◆ 성어의 뜻과 음을 알아보고, 빈칸에 한자 붙임 딱지를 붙이세요. 붙임 딱지 119쪽

수어지교 | 水 魚之交
물 수 / 물고기 어 / 갈 지 / 사귈 교

→ '물이 없으면 살 수 없는 물고기와 물의 관계'라는 뜻으로, 떼어낼 수 없을 정도로 가까운 사이를 뜻하는 말

예비초-B 2주 / 65

067쪽

🍵 정답 10쪽

1 다음 밑줄 친 음(소리)에 해당하는 한자를 찾아 ◯표 하세요.

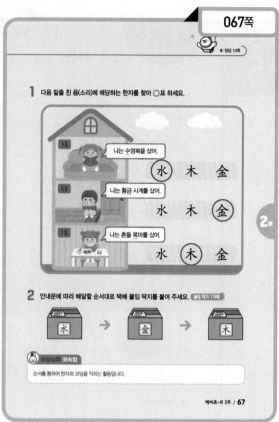

나는 수영복을 샀어. → 水 木 金

나는 황금 시계를 샀어. → 水 木 ⓕ金

나는 흔들 목마를 샀어. → 水 ⓜ木 金

2 안내문에 따라 배달할 순서대로 택배 붙임 딱지를 붙여 주세요. 붙임 딱지 119쪽

水 → 金 → 木

🐰 부모님께 귓속말
순서를 통하여 한자와 코딩을 익히는 활동입니다.

예비초-B 2주 / 67

068~069쪽

2주 특강 🍵 생각을 키워요 ❸
창의·융합·코딩

🍵 정답 10쪽

📖 예시 와 같이 한글의 자음과 모음을 합쳐서 뜻을 쓰고, 뜻에 해당하는 한자를 보기 에서 찾아 쓰세요.

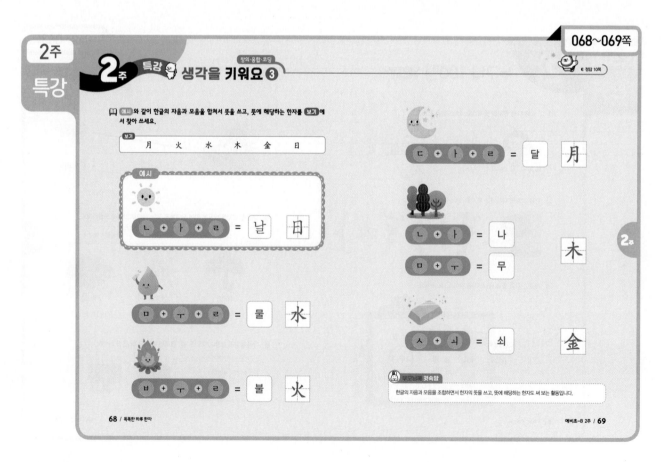

보기 | 月 火 水 木 金 日

예시
ㄴ + ㅏ + ㄹ = 날 日

ㅁ + ㅜ + ㄹ = 물 水

ㅂ + ㅜ + ㄹ = 불 火

ㄷ + ㅏ + ㄹ = 달 月

ㄴ + ㅏ = 나
ㅁ + ㅜ = 무 → 木

ㅅ + ㅚ = 쇠 金

🐰 부모님께 귓속말
한글의 자음과 모음을 조합하면서 한자의 뜻을 쓰고, 뜻에 해당하는 한자도 써 보는 활동입니다.

68 / 똑똑한 하루 한자

예비초-B 2주 / 69

3주에는
무엇을 공부할까? ❷

◀ 정답 11쪽

☆ 이번 주에 배울 한자의 뜻과 음(소리)을 큰 소리로 읽으며, 한자 붙임 딱지를 붙여
보세요. 붙임 딱지 121쪽

72 / 똑똑한 하루 한자

예비초-B 3주 / 73

1일

뜻이 서로 반대예요

🔍 뜻이 서로 반대되는 것끼리 선으로 이으세요.

◀ 정답 11쪽

적다

작다

크다

덥다

춥다

많다

74 / 똑똑한 하루 한자

기초 실력을 키워요

◀ 정답 11쪽

1 '큰 대(大)'와 뜻이 반대되는 한자에 ◯표 하세요.

大	小	多
큰 대	작을 소	많을 다

2 반대의 뜻을 가진 한자끼리 선으로 이으세요.

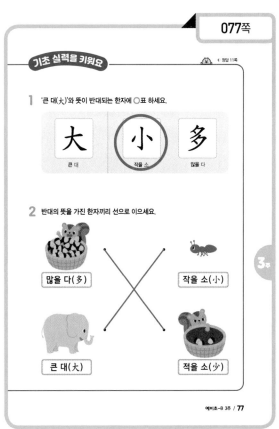

많을 다(多)

작을 소(小)

큰 대(大)

적을 소(少)

예비초-B 3주 / 77

예비초-B 정답 / 11

078쪽

2일

土 흙 토

오늘 배울 한자 붙임 딱지를 붙이고, 그림 속에서 오늘 배울 한자의 뜻과 음(소리)을 찾아 ○표 하세요. 붙임 딱지 121쪽

정답 12쪽

오늘 배울 한자

土 흙 토

78 / 똑똑한 하루 한자

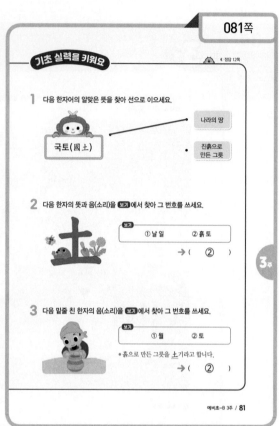

081쪽

기초 실력을 키워요

정답 12쪽

1 다음 한자어의 알맞은 뜻을 찾아 선으로 이으세요.

국토(國土)

• 나라의 땅

• 진흙으로 만든 그릇

2 다음 한자의 뜻과 음(소리)을 보기 에서 찾아 그 번호를 쓰세요.

土

보기
① 날 일   ② 흙 토

→ (②)

3 다음 밑줄 친 한자의 음(소리)을 보기 에서 찾아 그 번호를 쓰세요.

보기
① 월   ② 토

※ 흙으로 만든 그릇을 土기라고 합니다.

→ (②)

예비초-B 3주 / 81

082쪽

3일

大 큰 대

오늘 배울 한자 붙임 딱지를 붙이고, 그림 속에서 오늘 배울 한자의 뜻과 음(소리)을 찾아 ○표 하세요. 붙임 딱지 121쪽

정답 12쪽

오늘 배울 한자

大 큰 대

82 / 똑똑한 하루 한자

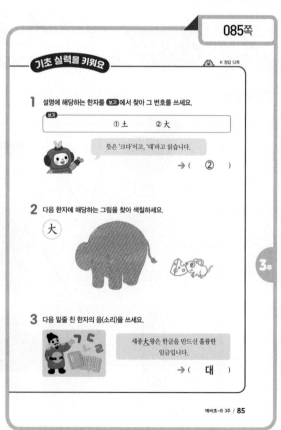

085쪽

기초 실력을 키워요

정답 12쪽

1 설명에 해당하는 한자를 보기 에서 찾아 그 번호를 쓰세요.

보기
① 土   ② 大

뜻은 '크다'이고, '대'라고 읽습니다.

→ (②)

2 다음 한자에 해당하는 그림을 찾아 색칠하세요.

大

3 다음 밑줄 친 한자의 음(소리)을 쓰세요.

세종大왕은 한글을 만드신 훌륭한 임금입니다.

→ (대)

예비초-B 3주 / 85

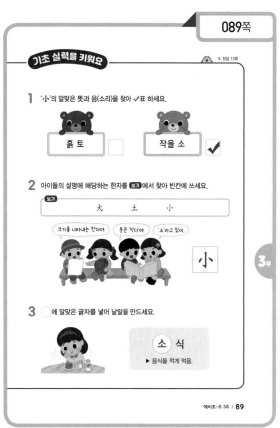

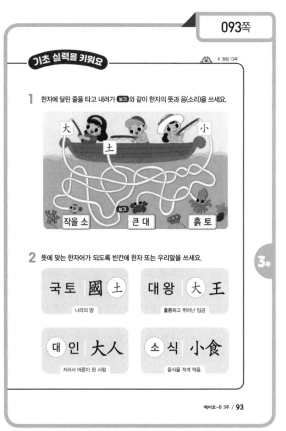

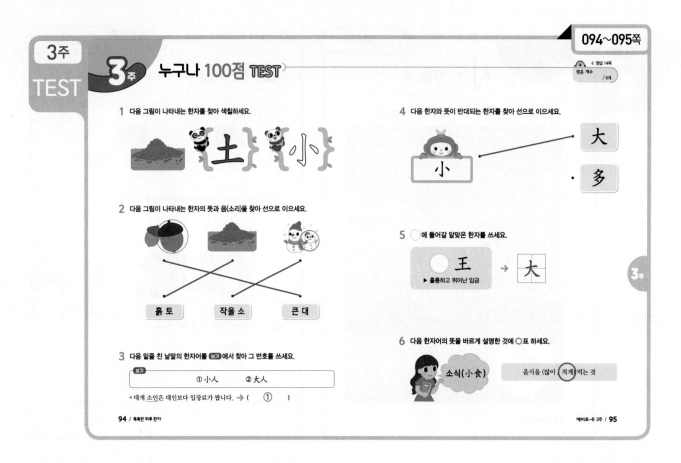

3주 TEST

3주 누구나 100점 TEST

3주 특강

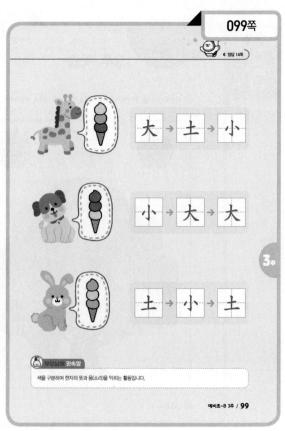

3주 특강

생각을 키워요 ③ 창의·융합·코딩

● 정답 15쪽

📖 도형 맞추기 놀이를 해 보세요.

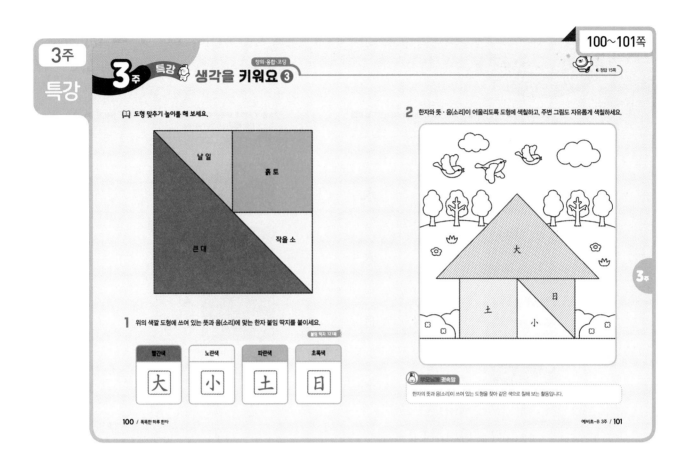

1 위의 색깔 도형에 쓰여 있는 뜻과 음(소리)에 맞는 한자 붙임 딱지를 붙이세요.

붙임 딱지 121쪽

빨간색	노란색	파란색	초록색
大	小	土	日

2 한자와 뜻·음(소리)이 어울리도록 도형에 색칠하고, 주변 그림도 자유롭게 색칠하세요.

부모님과 결속말

한자의 뜻과 음(소리)이 쓰여 있는 도형을 찾아 같은 색으로 칠하는 활동입니다.

마무리 한자 다시 보기

🐰 만화와 함께

한자 다시 보기

● 정답 15쪽

◆ 만화를 읽으며 지금까지 배운 한자를 다시 공부해 보세요.

배운 한자 다시 보기

日 날일	月 달월	火 불화	水 물수	木 나무목
金 쇠금/성김	土 흙토	大 큰대	小 작을소	

1 책에 나온 밑줄 친 한자의 음(소리)을 쓰세요.

水	金	火	木	土
수	금	화	목	토

※ 여기서 '金'은 '쇠'를 의미할 때의 음(소리)으로 읽어 주세요.

2 다음 밑줄 친 말에 해당하는 한자를 쓰세요.

제일 큰 행성이 木성이고 제일 작은 행성이 水성이에요.

大	小

예비초-B 정답 / 15

마무리
한자
퀴즈

신경향·신유형
재미있는 한자 퀴즈 ❶

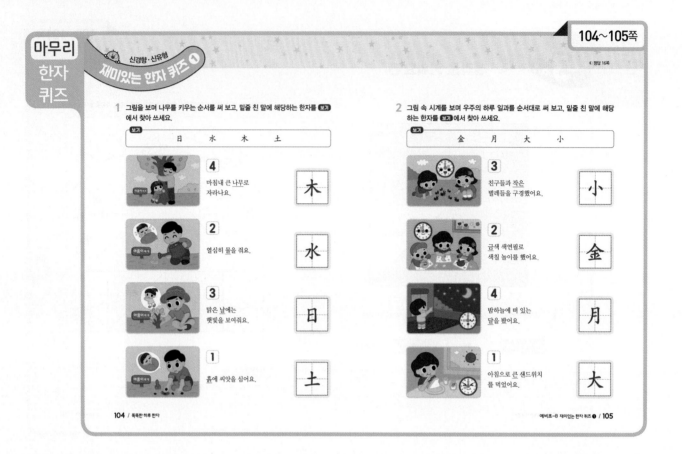

마무리
한자
퀴즈

신경향·신유형
재미있는 한자 퀴즈 ❷

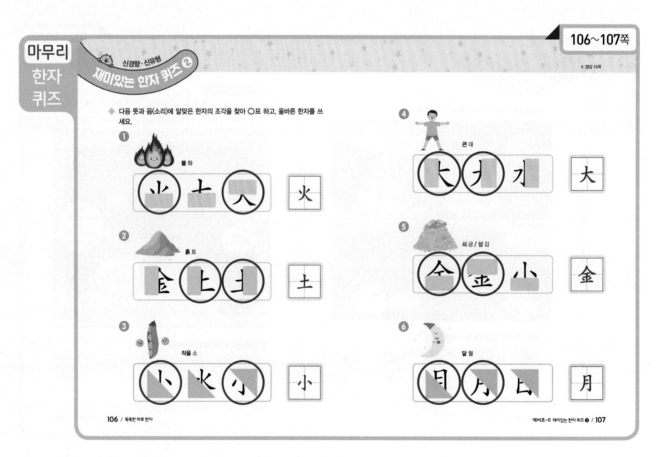

마무리 종합 문제

기초 종합 정리 ❶

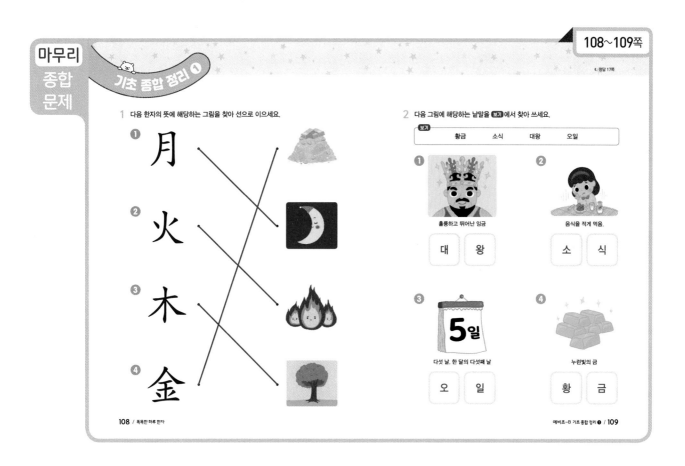

1 다음 한자의 뜻에 해당하는 그림을 찾아 선으로 이으세요.

❶ 月
❷ 火
❸ 木
❹ 金

2 다음 그림에 해당하는 낱말을 보기에서 찾아 쓰세요.

보기   황금   소식   대왕   오일

❶ 훌륭하고 뛰어난 임금 → 대 왕
❷ 음식을 적게 먹음. → 소 식
❸ 다섯 날. 한 달의 다섯째 날 → 오 일
❹ 누런빛의 금 → 황 금

마무리 종합 문제

기초 종합 정리 ❶

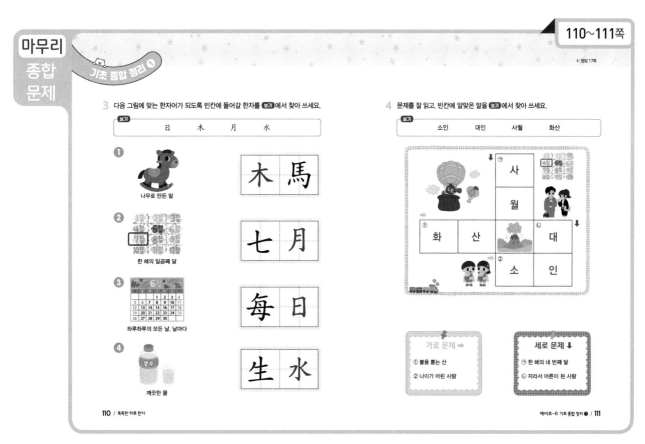

3 다음 그림에 맞는 한자어가 되도록 빈칸에 들어갈 한자를 보기에서 찾아 쓰세요.

보기   日   木   月   水

❶ 나무로 만든 말 → 木 馬
❷ 한 해의 일곱째 달 → 七 月
❸ 하루하루의 모든 날. 날마다 → 每 日
❹ 깨끗한 물 → 生 水

4 문제를 잘 읽고, 빈칸에 알맞은 말을 보기에서 찾아 쓰세요.

보기   소인   대인   사월   화산

사 월
ㄱ 화 산   대
소 인

가로 문제 ⇒
① 불을 뿜는 산
② 나이가 어린 사람

세로 문제 ⬇
㉠ 한 해의 네 번째 달
㉡ 자라서 어른이 된 사람

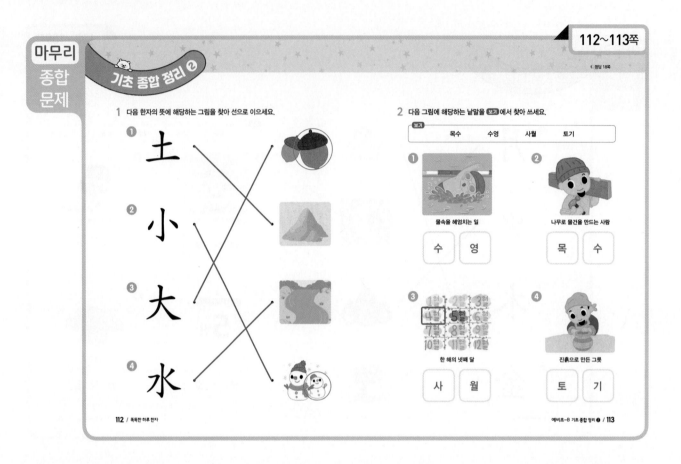

마무리
종합
문제

기초 종합 정리 ②

《 정답 18쪽

1 다음 한자의 뜻에 해당하는 그림을 찾아 선으로 이으세요.

① 土
② 小
③ 大
④ 水

2 다음 그림에 해당하는 낱말을 보기에서 찾아 쓰세요.

보기 목수   수영   사월   토기

① 물속을 헤엄치는 일
수 영

② 나무로 물건을 만드는 사람
목 수

③ 한 해의 넷째 달
사 월

④ 진흙으로 만든 그릇
토 기

112 / 똑똑한 하루 한자

예비초-B 기초 종합 정리 ② / 113

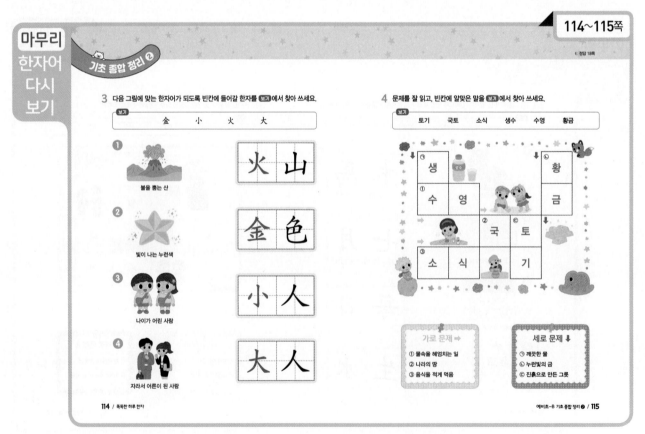

마무리
한자어
다시
보기

기초 종합 정리 ②

《 정답 18쪽

3 다음 그림에 맞는 한자어가 되도록 빈칸에 들어갈 한자를 보기에서 찾아 쓰세요.

보기 金   小   火   大

① 불을 뿜는 산
火 山

② 빛이 나는 누런색
金 色

③ 나이가 어린 사람
小 人

④ 자라서 어른이 된 사람
大 人

4 문제를 잘 읽고, 빈칸에 알맞은 말을 보기에서 찾아 쓰세요.

보기 토기   국토   소식   생수   수영   황금

생
황
수 영
금
국 토
소 식
기

가로 문제 ➡
① 물속을 헤엄치는 일
② 나라의 땅
③ 음식을 적게 먹음

세로 문제 ⬇
㉠ 깨끗한 물
㉡ 누런빛의 금
㉢ 진흙으로 만든 그릇

114 / 똑똑한 하루 한자

예비초-B 기초 종합 정리 ② / 115

memo

memo

국가공인 한자자격시험 교재

한자자격시험은 기초 한자와 교과서 한자어를 함께 평가
하여 자격증 취득 시 자신감은 물론 사고력과 어휘력, 교과
학습 능력까지 향상됩니다.

씽씽 한자자격시험만의 **100% 합격** 비결!

❶ 들으면 술술 외워지는 한자 동요 MP3 제공

❷ 보면 저절로 외워지는 한자 연상 그림 제시

❸ 실력별 나만의 공부 계획 가능

❹ 최신 기출 및 예상 문제 수록

❺ 놀면서 공부하는 급수별 한자 카드 제공

• 권장 학년: [8급] 초등 1학년 [7급] 초등 2,3학년
　　　　　　[6급] 초등 4,5학년 [5급] 초등 6학년

국가공인 한자능력검정시험 교재

한자능력검정시험은 올바른 우리말 사용을 위한 급수별 기초 한자를 평가합니다.
자격증 취득 시 자신감은 물론 사고력과 어휘력이 향상됩니다.

• 권장 학년: 초등 1학년

• 권장 학년: 초등 2,3학년

• 권장 학년: 초등 4,5학년

• 권장 학년: 초등 6학년

• 권장 학년: 중학생

• 권장 학년: 고등학생

정답은
이안에
있어!

기초 학습능력 강화 프로그램

매일 조금씩 공부력 UP!

국어
예비초~초6

수학
예비초~초6

영어
예비초~초6

**봄·여름
가을·겨울**

(바·슬·즐)
초1~초2

안전
초1~초2

사회·과학
초3~초6

배움으로 행복한 내일을 꿈꾸는
천재교육 커뮤니티 안내

. . . .

 교재 안내부터 구매까지 한 번에!
천재교육 홈페이지

천재교육 홈페이지에서는 자사가 발행하는 참고서,
교과서에 대한 소개는 물론 도서 구매도 할 수 있습니다.
회원에게 지급되는 별을 모아 다양한 상품 응모에도
도전해 보세요.

 구독, 좋아요는 필수! 핵유용 정보 가득한
천재교육 유튜브 <천재TV>

신간에 대한 자세한 정보가 궁금하세요?
참고서를 어떻게 활용해야 할지 고민인가요?
공부 외 다양한 고민을 해결해 줄 채널이 필요한가요?
학생들에게 꼭 필요한 콘텐츠로 가득한 천재TV로 놀러 오세요!

 다양한 교육 꿀팁에 깜짝 이벤트는 덤!
천재교육 인스타그램

천재교육의 새롭고 중요한 소식을 가장 먼저 접하고 싶다면?
천재교육 인스타그램 팔로우가 필수!
누구보다 빠르고 재미있게 천재교육의 소식을 전달합니다.
깜짝 이벤트도 수시로 진행되니 놓치지 마세요!